Massimo Wolke

Jodelnde Pferde

Der Malbuchspaß geht weiter!

Massimo Wolke

Jodelnde

Pferde

Der Malbuchspaß geht weiter!

Bibliografische Information der Deutschen Nationalbibliothek:
Die Deutsche Nationalbibliothek verzeichnet diese Publikation in der
Deutschen Nationalbibliografie; detaillierte bibliografische Daten sind
im Internet über http://dnb.dnb.de abrufbar.

© 2017 Massimo Wolke
Herstellung und Verlag:
BoD – Books on Demand, Norderstedt

ISBN: 978-3-7460-4993-9

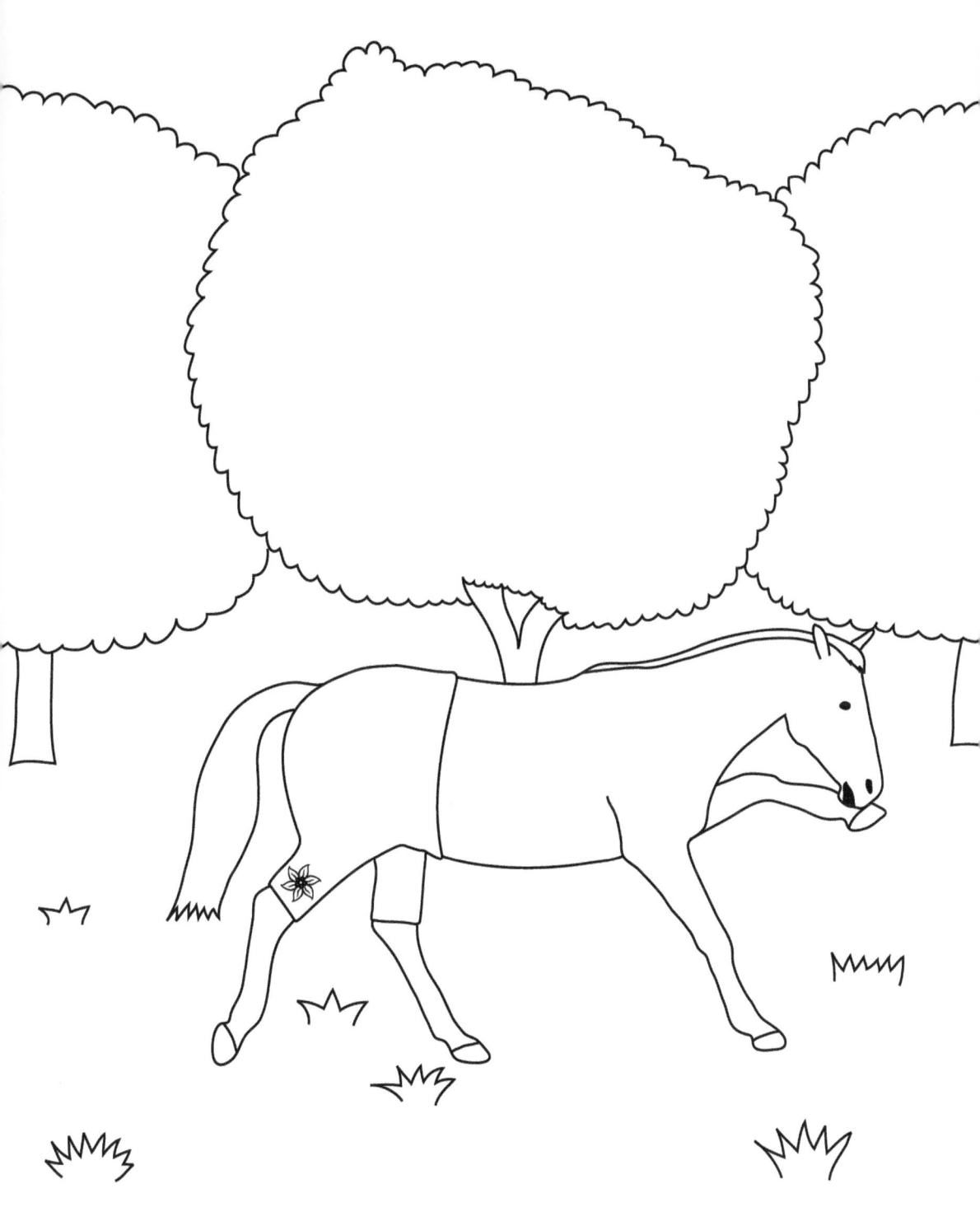

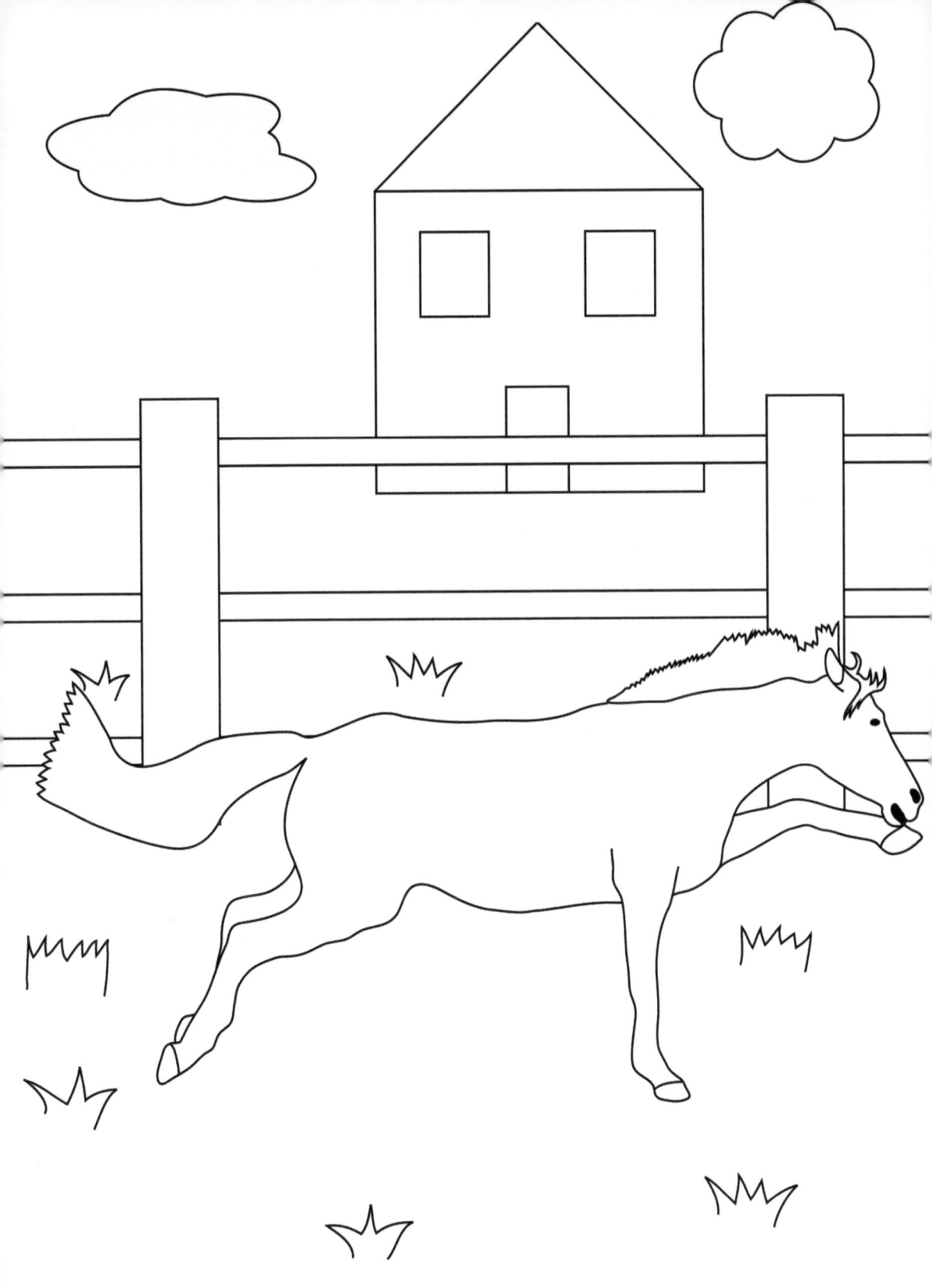